선교 비전 땅끝까지

대각성전도집회 다락방 시리즈

2

옥한흠

국제제자훈련원

옥한흠 대각성전도집회 다락방 시리즈

1. 그물을 당겨라
2. 선교 비전 땅끝까지
3. 성령의 능력에 의존하라
4. 당신은 사도의 계승자이다
5. 전해야 산다
6. 한 영혼을 주님께로
7. 왜, 누가, 무엇을, 어떻게
8. 나를 섬기려면 나를 따르라

옥한흠 대각성전도집회 다락방 시리즈 2

선교비전 땅끝까지

초판   1쇄 발행 1999년 10월 16일
초판 16쇄 발행 2023년 7월 27일

지은이 옥한흠

펴낸이 오정현
펴낸곳 국제제자훈련원
등록번호 제2013-000170호 (2013년 9월 25일)
주소 서울시 서초구 효령로68길 98 (서초동)
전화 02) 3489-4300   **팩스** 02) 3489-4329
이메일 dmipress@sarang.org

저작권자 (C) 옥한흠. 1999, *Printed in Korea*
이 책은 저작권법에 의해 보호를 받는 저작물이므로 저자와 출판사의 허락 없이
내용의 일부를 인용하거나 발췌하는 것을 금합니다.

ISBN 978-89-88850-09-1 03230

*책값은 뒤표지에 있습니다. 잘못된 책은 구입하신 곳에서 교환해드립니다.

국제제자훈련원은 건강한 교회를 꿈꾸는 목회의 동반자로서 제자 삼는 사역을 중심으로
성경적 목회 모델을 제시함으로 세계 교회를 섬기는 전문 사역 기관입니다.

교재 사용에 대하여

제자훈련을 하고 있는 교회라면 대각성전도집회를 1년에 한 번씩 갖는 것이 좋다. 제자훈련을 통해 축적된 영적인 힘을 발휘할 수 있는 기회를 만들어주기 때문이다. 또한 교회가 영적으로 수혈을 받고 새롭게 일어나는 계기가 된다. 새로운 생명이 태어나는 산실인 대각성전도집회가 시작되건 교회는 영적인 잔치 분위기를 맛보게 될 것이다.

대각성전도집회는 준비 기간을 길게 두고 치밀한 준비를 해야 한다. 우리 마음에 안주하려는 습성을 깨고 새롭게 힘을 모으기 위해서는 적어도 5~6개월 전부터 치밀한 준비가 있어야 한다. 특별히 다락방(구역)을 중심으로 영적으로 무장하며, 합심하여 기도로 준비하는 것은 대단히 중요하다.

이를 위해 지금까지 전도집회를 앞두고 다락방에서 사용해온 교재를 내어놓게 되었다. 다소나마 도움이 되길 바라며, 이 교재를 사용하기 원하면 다음 몇 가지를 참고해 주기 바란다.

1. 이 교재는 소그룹에서 귀납법적인 방법으로 성경을 공부하도록 만들어졌다. 그러므로 지도자는 소그룹 환경에서 귀납법적으로 성경을 공부하는 것이 무엇인지를 반드시 배우지 않으면 안 된다.
2. 이 교재는 교역자가 매주 소그룹 지도자들을 먼저 예습시킨 다음 사용하게 해야 바람직한 효과를 기대할 수 있다. 평신도에게 던져주고 그들 마음대로 사용하게 하는 것은 좋지 않다.
3. 소그룹에 참석하는 자들은 반드시 미리 예습을 하도록 권장해야 한다.
4. 한 과의 내용을 다 공부하려면 두 시간 이상이 필요하다. 그러므로 문제에 따라 답만 찾아보고 넘어가야 할 것과 함께 토의하면서 진지하게 적용해야 할 것을 잘 구별해서 시간 안배를 하는 것이 좋다.

차례

03 **교재 사용에 대하여**

05 1. 요나의 소명(요나 1:1-2)

09 2. 요나의 불순종(요나 1:3-7)

13 3. 요나의 전도(요나 3:1-10)

17 4. 요나의 교육(요나 4:1-11)

21 5. 선교 비전 땅끝까지(로마서 15:19-33)

25 6. 즐거워 어깨에 메고(누가복음 15:1-7)

1. 요나의 소명

마태복음 28:16-20

요나 선지자는 하나님의 복음을 전하기 싫어하는 교회와 신자들에게 큰 교훈을 주는 독특한 인물이다. 요나는 실제 인물이었다(열왕기하 14:25). 그는 주전 800-750년경에 활동하였다. 그리고 그가 여기에 기록한 내용 역시 역사적인 사전이었다. 왜냐하면 예수님이 그렇게 인정하셨기 때문이다.

토의내용

1. 요나에게 임한 하나님의 말씀은 무엇인가?(2절)

2. 니느웨성을 지도를 가지고 확인하라. 그리고 앗수르와 니느웨 수도에 대해 아는대로 정리해보라.

3. 니느웨성에서 하나님이 보신 악독은 무엇인가? 나훔 3장 1-4절을 참고하라.

4. 우리 주변은 물론 현대 사회가 하나님 보시기에 극도로 악해지고 있다고 생각지 않는가? 왜 그렇게 보는가?

5. 하나님은 니느웨를 심판하시기 전에 요나를 보내려고 한 이유가 어디에 있는가? (참고/ 누가복음 13:6-9)

6. 오늘날 우리 사회가 극도로 부패되어 있다면 하나님께서 누구를 보내려고 하실까?

7. 당신은 하나님이 보내시는 음성을 듣는가?

8. 이사야 6장 1-8절을 간단히 정리하고 다음 세 가지를 답하라.

① 하나님의 음성을 듣기 전 준비상태(5-7절)

② 하나님의 메시지(8절)

③ 이사야의 반응(9절)

9. 요한복음 20장 21절의 말씀을 암송하라. 그리고 심판을 앞두고 있는 오늘의
   니느웨성에 우리가 보냄을 받았다는 사실을 확신하는가?

10. 금주에 당신은 누구를 찾아갈 계획인가? 아니면 집집마다 벨을 누를 의사는
    없는가?

2. 요나의 불순종

요나 1:3-7

하나님의 명령에는 항상 순종해야 한다. 그러나 요나는 무모하게 거역했다. 그의 불순종은 우리에게 매우 귀중한 교훈을 주고 있다. 그뿐만 아니라 불순종하는 자를 다루시는 하나님으로부터 우리가 배울 것이 무엇인가 생각하고자 한다.

토의내용

1. 니느웨에 가서 하나님의 말씀을 전하라는 명령을 받은 요나는 어디로 갔는가? (3절)

2. 다시스가 어디며 팔레스타인에서 얼마나 떨어진 곳인가? 그리고 니느웨와는
   얼마나 떨어진 곳인가?

3. 요나가 반대 방향으로 멀리 달아난 이유는 무엇인가? (3절, 4:2, 시편 139:7-12)

4. 당신은 종종 하나님이 보시지 않는 곳을 찾을 때가 있는가? 어느 곳이 당신의
   다시스 구실을 하였는가?

5. 하나님이 요나를 막으시기 위해 사용하신 것은 무엇인가? (4절)

6. 태풍은 요나를 깊은 영적 잠에서 깨웠다. 이렇게 말할 수 있는 이유는 무엇인가? (12절)

7. 당신은 복음을 전하라는 주님의 명령을 불순종하고 있지 않은가?

8. 전도하라는 말씀에 순종하지 않다가 요나처럼 태풍을 만난 경험이 있으면 이야기해 보라.

9. 만일 전도해야 한다는 생각이 들지 않고, 전도를 하지 않아도 불순종하는 것이라는 가책이 생기지 않는다면 당신은 영적으로 깊이 잠이 들어 있는 증거일지 모른다. 왜 그런가? (디모데전서 2:4, 고린도후서 5:17-19)

10. 하나님께서는 잠든 우리를 태풍 대신 다락방의 성경공부를 통해서 깨우고
    계신다. 당신도 그렇다고 생각하는가?

11. 지난주에 전도한 결과를 검토하자. 그리고 금주에 전도할 대상을 확인한 다
    음 함께 무릎 꿇고 은혜의 보좌 앞으로 나가는 시간을 갖자.

3. 요나의 전도

요나 3:1-10

요나는 드디어 하나님의 강하신 팔에 끌려 니느웨 성으로 들어갔다. 그는 거기서 무엇이라고 외쳤는가? 그리고 그 결과는 얼마나 놀라운 것이었는가? 우리 역시 성령의 능력을 가지고 복음을 전하면 기적은 일어날 수 있다. 이런 믿음을 가지고 본문을 공부하자.

토의 내용

1. 요나에게 임한 두 번째 명령이 무엇인가? (1, 2절)

2. 하나님의 명령이 바뀌었는가? 만일 그의 명령이 처음과 같다면 여기서 우리
   가 배울 수 있는 진리는 무엇인가? (참고/ 사무엘상 15:29)

3. 하나님이 니느웨 사람들을 구원하시려는 마음을 바꾸지 아니하신 것처럼 오
   늘도 꼭 같은 마음을 가지시고 우리를 세상으로 계속 보내고 계신다는 사실을
   믿는가? (참고/ 누가복음 15:7)

4. 요나가 외친 메시지의 내용은 무엇인가? (4절)

5. 우리들이 전하는 복음과 차이점이 무엇인가? (참고/ 마태복음 3:10, 요한복음
   3:16)

6. 니느웨 백성들이 요나의 말을 듣고 어떻게 하였는가? (5, 8절)

7. 우리가 예수님의 복음을 전하면 일어나는 두 가지 역사가 있다. 어떤 경우에
   는 니느웨 사람들에게서 볼 수 있듯이 말씀을 듣자마자 금방 일어나기도 하고
   어떤 경우에는 긴 시간을 두고 나타난다. 그러나 어느 쪽이든 구원받는 자들
   에게는 두 가지가 분명해진다.

• **믿음(마가복음 16:15, 16)**

• **회개(누가복음 24:47)**

8. 니느웨 사람들이 회개하자 하나님은 어떻게 하셨는가? (10절)

9. 우리도 하나님의 명령에 순종하면 많은 사람이 구원을 얻을 수 있다. 요나에
   게 나타난 능력을 우리도 가질 수 있도록 함께 기도하자.

10. 지금까지 몇 사람에게 전도했는지 확인하고 그들을 위해 기도하자. 그리고
    금주에 전도할 대상을 내어놓고 기도하자.

11. 금주는 교회 안내 책자를 전도용으로 최대한 이용하자.

4. 요나의 교육

요나 4:1-11

요나의 외치는 음성을 듣고 니느웨 백성은 회개하였고 하나님은 진노를 거두시고 심판을 내리지 아니하셨다. 이런 상황을 놓고 요나가 배운 것, 고침을 받은 것이 무엇인지 공부하려고 한다. 우리 중에도 말로는 전도를 하지만 마음은 전도와 거리가 먼 자들이 없는지 살펴보자.

토의내용

1. 하나님이 심판을 거두시는 것을 보고 요나는 어떤 반응을 보였는가? (1절)

2. 요나의 마음에 왜 이런 감정이 깔려 있었는지 설명할 수 있는가? (2절, 참고/
   마태복음 12:7)

3. 우리에게 요나처럼 마음이 먼 전도를 할 위험이 없는지 살펴보자. 언제 이런
   위험에 빠지기 쉬운가?

4. 전도자로서 예수님의 심정, 바울 사도의 심정은 무엇이었는가? (마태복음
   9:36, 로마서 9:1, 2)

5. 박 넝쿨 이야기를 해 보라.

6. 박 넝쿨을 가지고 하나님이 요나에게 가르치시려는 진리는 무엇인가? (10, 11절)

7. 하나님은 비록 인간이 죄인의 생명이지만 그 생명의 가치를 어떻게 보시는가? (마태복음 16:26)

8. 하나님이 아끼시는 대상에 젖먹이, 육축이 포함되었다는 것이 의미하는 것은 무엇인가? (11절, 마태복음 18:14)

9. 우리 마음속에 요나가 숨기고 있었던 저주하는 마음이 있었는지 찾아보자. 그리고 요나처럼 생명의 고귀성을 보지 못하고 생명을 천히 취급하려는 경향이 없었는지 반성해 보자.

10. 지금까지 각자 전도한 열매를 이야기하라. 그리고 남은 기간동안 열심히 전
    도대상자를 놓 고 기도하고 찾아갈 수 있도록 합심해서 기도하자.

5. 선교 비전 땅끝까지

로마서 15:19-33

인류의 구원자 되신 예수님은 작은 부족의 왕으로 만족하실 분이 아니시다. 1, 2억의 백성으로 만족하실 분도 아니시다. 그의 나라는 하늘과 땅을 망라하는 우주적인 왕국이요, 한번 시작되면 끝이 없는 영원한 왕국이다. 그러므로 그는 자기 나라의 백성을 부르시는 데 있어 매우 적극적이시다. 이 일을 위해 어디든지 자기 종들을 보내어 복음을 전하려고 하신다. 사도 바울은 이 장엄한 일에 특별히 부름을 받아 충성했던 사람이다. 이 시간 우리는 그의 말을 통해 놀라운 사실을 몇 가지 배우게 된다. 동시에 잠자기 쉬운 우리를 일깨우는 주님의 큰 음성을 듣게 된다.

토의내용

1. 19절의 내용을 자세히 풀어서 설명해 보라.

2. 일루리곤은 지금의 유고와 알바니아 지역이다. 예루살렘에서 그곳까지는 약 2,500km정도로 떨어진 지역이다. 오늘날과 달리 교통이 말할 수 없이 불편했고 여행에 따르는 고충이 이만저만 아니었던 시대에 바울 사도가 이 광대한 지역을 예수의 이름으로 가득하도록 했다는 것을 들으면서 각자 느낀 바를 이야기해 보자. (참고/ 고린도후서 11:23-27)

3. 우리는 각자 살고 있는 가정과 지역에 복음을 가득히 채울 만큼 적극적으로 복음을 전하고 있는가? 우리 교회는 이렇게 장담할 수 있을 만큼 열심히 전하고 있다고 보는가? 만일 그렇지 않다고 생각한다면 그 이유에 대해 말해 보자.

4. 바울의 최종적 목적지는 로마가 아니었다. 그곳이 어디였으며 그런 비전을 가슴을 품고 있었던 이유가 무엇이라고 생각하는가? (23, 28절 참고/ 마태복음 28:18, 사도행전 1:8)

5. 당신은 땅끝까지 복음을 전해서 우리 주 예수 그리스도가 만 왕의 왕으로 높임을 받도록 해야 한다는 비전을 가지고 있는가? 있다면 그 비전을 펴기 위해 남달리 힘쓰고 있는 것이 무엇인지 아무리 사소한 일이라도 말해보라.

6. 바울은 기근으로 어려움을 당하는 예루살렘 교회를 돕기 위해 자기가 개척한 교회들로부터 구제헌금을 모아서 예루살렘을 갈 계획을 하고 있다. 우리는 그가 구제헌금을 모아서 전하는 일로부터 대단히 중요한 진리를 발견하게 된다. 27절을 자세히 읽고 그 내용을 설명하라.

7. 우리는 과거에 서구 교회와 선교사들에게 신령한 빚을 졌다. 그리고 가까이는 나를 전도한 어느 형제에게 신령한 빚을 지고 있다. 그렇다면 우리는 이 빚을 갚을 성의를 보여야 할 것이다. 어떻게 갚아야 할까? 그 방법을 아는 대로 말해 보라.

8. 바울은 로마교회에 특별한 기도 청원을 하고 있다. 그 내용이 무엇인가? (31, 32절)

9. 기도를 할 때 어떤 기도를 해주기 원하는가? (30절, 참고/골로새서 4:12)

10. 당신이 특별히 기도하고 있는 선교사들의 이름과 그들이 사역하고 있는 나라에 대해 아는 대로 자세히 말하라.

11. 대각성전도집회는 우리 주변을 위시해서 땅끝까지 복음을 편만하게 전하는 일 가운데 하나이다. 빚갚는 심정으로 힘을 같이 하여 기도하면서 최선을 다해야 할 것이다. 각자 전도대상자를 내놓고 어느 정도로 접촉하고 있으며 집회 시간에 어떻게 인도할 계획인지 나누어 보자.

6. 즐거워 어깨에 메고

누가복음 15:1-7

지난주에 있었던 대각성전도집회 기간 동안 전도와 집회 참석에 열심을 다해 주신 순장과 순원들에게 하나님께서 큰 축복으로 채워주시기를 바란다. 이웃을 하나님 앞으로 인도하는 일은 한 주간의 행사로 끝날 수가 없다. 일생동안 최선을 다 해야 할 우리의 소명이다. 그러기 위해서 이 시간에 공부하는 내용을 진지하게 검토하기를 바란다.

토의내용

1. 예수님께서 가까이 나오도록 허용한 자들은 어떤 부류의 사람들인가? (1절)

2. 죄인과 세리에 대해 다음 성구를 참고한다면 어떤 결론을 내릴 수 있는가?

  • **죄인(누가복음 6:23, 마태복음 26:45)**

  • **세리(마태복음 5:46, 18:18)**

3. 현대판 세리와 죄인들은 어떤 자들이라 할 수 있는가?

4. 바리새인들이 원망을 한 이유가 무엇인가?

5. 이웃에게 예수님을 전하는 입장에 있는 우리는 예수님과 바리새인 중 어느 편에 더 가까이 있다고 생각하는가? 현대 교회는 여러 가지 면에서 바리새인들의 기질을 닮아가고 있다고 보지 않는가?

6. 당신은 세리와 죄인들을 예수님처럼 초대하여 식탁에 함께 앉아 사랑을 나누
   어 본 경험이 있는가?

7. 잃은 양의 의미를 말해 보라.

8. 잃은 양을 찾아 헤매는 자가 누구인가?

9. 예수님은 잃은 양을 찾아다니신다. 만일 우리가 찾아 나가기를 싫어한다면 어
   떤 결과가 나타날까?

10. 잃은 양을 찾은 주인의 기쁨은 성격상 한 두 가지의 특징을 가지고 있다. 그
    것이 무엇인가? (5, 6절)

11. 7절을 쉽게 자기 말로 풀어 보라.

12. 우리는 지난 한 주간 동안 예수님을 기쁘게 하고 우리도 함께 즐거워하기 위
    해 잃은 양을 찾아 하나님 앞으로 인도했다. 당신이 체험한 기쁨에 대해서 이
    야기해 보라.

13. 전도하는 일은 언제까지 해야 하는가? 그 이유가 무엇인가?